DE LA RÉALISATION

DES

RÉFORMES

SOCIALES, DÉMOCRATIQUES,

PAR

JOANNY BONNETAIN.

PARIS,

JOUBERT, LIBRAIRE-ÉDITEUR,

RUE DES GRÈS, 14, PRÈS LA SORBONNE.

1849.

MACON, IMPRIMERIE DE H. ROBERT.

PRÉFACE.

A chaque époque son œuvre. La société enfante péniblement ses progrès. Je suis persuadé que la vérité sortira triomphante des luttes des partis, des tiraillements actuels. — La France sera un grand peuple lorsqu'elle aura réalisé les réformes dont elle a besoin.

J'ai fait ici un résumé des idées que j'ai exposées ailleurs plus longuement. Mon but est de hâter la solution de quelques questions spéciales importantes.

J'aime mieux dire la vérité de tout le monde que de proposer quelque chose d'étrange. J'abandonne à l'opinion publique mon idée, mon intention, et ces pages qui tomberont comme les feuilles au milieu d'une forêt où passe un grand bruit.

Un progrès immense s'accomplit en Occident. En prévoir toutes les péripéties est chose impossible; en gouverner paisiblement le cours est chose surhumaine.

Matour, le 20 juin 1849.

PETIT
LIVRE DU PEUPLE.

En France, le monde politique est constitué. La démocratie possède la République, c'est-à-dire le gouvernement de la souveraineté populaire, l'instrument le plus actif des réformes sociales. La République de la Constitution est aussi indestructible que le peuple français lui-même.

N'ayons nul souci, nul désir de ce côté. Maintenant, songeons à la réalisation des réformes. Pour cela, point de généralités, mais des solutions pratiques, positives, faciles, conformes à la nature humaine, aux faits, à l'intérêt démocratique.

Avec le christianisme et les vérités sociales, les beaux arts, les sciences, les richesses existantes, les arts mécaniques, les institutions républicaines, en pratiquant sérieusement la Constitution, on peut faire marcher la civilisation avec vitesse et généralité.

Lorsque je considère l'organisation politique du peuple français, lorsque j'apprécie tous les éléments de sa grandeur, je ne comprends pas que l'on puisse douter de son avenir, et je me demande ce que l'on pourrait construire à la place de cet édifice.

Mettriez-vous dans le camp de la démocratie une monarchie de droit divin avec une noblesse ressuscitée aux dépens de la vie populaire? Y planteriez-vous une royauté usurpatrice avec le monopole politique, les banques, les places, l'instruction, les privilèges économiques, concentrés entre les mains de 200,000 censitaires, tandis que 8 millions d'électeurs occupent maintenant la sphère politique? Y fonderiez-vous des monastères communistes (dont personne ne veut), véritables sépulcres de la liberté et de la propriété? Ou bien établiriez-vous des phalanstères agricoles, manu-

facturiers et commerciaux, dans lesquels personne ne veut entrer?
Ou bien voudriez-vous que l'Etat absorbât tout aux dépens de la
liberté, ayant une banque, des ateliers nationaux, faisant concurrence à la société? Ne serait-ce pas décréter un despotisme ef-
froyable? Rêves que tout cela!

Occupons-nous donc d'améliorer, de perfectionner la société
actuelle, en nous plaçant au point de vue démocratique.

J'ai eu un bonheur immense dans ma vie : c'est de voir triompher la République démocratique de la Constitution. J'avais consacré mon cœur, mon âme aux principes qu'elle a proclamés,
aux réformes qui en seront les conséquences.

Je verrai, je l'espère, triompher encore les réformes que je
viens ici, en abrégé, proposer à l'opinion démocratique.

Sachons faire, et les destinées de notre patrie n'auront jamais
été plus belles à l'intérieur et au dehors.

Notre sol fertile a pour limites les Alpes, les Pyrénées et le
Rhin; il porte un peuple guerrier et religieux, habile au commerce, attaché en grand nombre aux travaux des champs et de l'industrie manufacturière; nos ports commerciaux et militaires sont
baignés par les eaux de deux mers, l'Océan et la Méditerranée,
qui favorisent notre commerce et notre rayonnement au dehors.
Avant vingt ans, notre territoire sera couvert de routes, de
chemins, de canaux, de voies ferrées achevées; et les biens communaux livrés à la culture, et les montagnes reboisées, et les perfectionnements agricoles accomplis, produiront pour nous de plus
grandes richesses. La France produit des vins en abondance. N'a-
t-elle pas 2 millions 500,000 hectares où l'on cultive la vigne avec
succès? Nous avons 24 millions de propriétaires fonciers, et la
plupart des autres individualités possèdent des richesses mobilières. Nous sommes 36 millions d'habitants appelés aux bienfaits de
la civilisation; et en effet, ne pouvons-nous pas, ne devons-nous
pas également participer aux avantages sociaux tirés de la religion, de la famille, de la propriété, de l'éducation, de l'égalité
civile et politique, du travail libre?

Notre patrie est la base du monde européen et le foyer de la
civilisation. Point d'assiette pour la monarchie, point d'assiette
pour l'aristocratie. Mœurs, droits, libertés, croyances, propriétés,
travail, institutions sociales, gouvernement, tout est démocratisé.
Point de classe dominante. Le nombre de ceux qui vivent sans rien
faire est faible. Chacun demande des ressources et à la propriété,
et au capital, et au travail. Le côté le plus malheureux de la population est celui qui n'a que son travail sans épargnes ; c'est
aussi là que l'Etat doit intervenir sagement.

Notre pays possède un capital économisé que l'on estime 90 milliards. — Diminuez ce capital, fruit de la civilisation, de l'épargne, du travail producteur, et vous aurez la misère, la mort, la
sauvagerie. Sur ces 90 milliards, il faut en retrancher 20 qui sont
improductifs. Les 70 milliards exploités par le travail donnent un
revenu brut de 12 à 13 milliards, et un revenu net de 9 milliards

et demi environ. En divisant par tête, on voit que le revenu roule entre 56 et 60 centimes par jour. Mais remarquez bien que l'on ne touche pas au capital économisé.

Le but des lois de l'économie politique et des vertus morales est d'accroître et le capital économisé et le revenu annuel. Sans cela, vous aurez la civilisation d'un côté et la misère de l'autre.

La politique de la République doit donc se conformer aux lois de la production et de la distribution des richesses.

Et je le dis bien haut, les questions politiques à l'intérieur ont été terminées par la Constitution. Il nous reste à résoudre les questions de l'ordre économique et social.

Et cependant, des hommes que je considère comme les échos lugubres du passé, comme les débris d'un monde qui n'est plus, osent penser que le remède à tous nos maux, que le moyen de réaliser le progrès, consisterait à planter encore sur le sol démocratique de la France une royauté flanquée d'une ou de deux assemblées, restaurant le principe de l'hérédité, venant enlever la souveraineté populaire, confisquer la liberté politique, suspendre la liberté de la presse, restreindre l'enseignement, monopoliser le commerce, opprimer les travailleurs, étouffer l'esprit public, écraser la petite propriété! Oh! les pauvres insensés!

Qu'avez-vous fait pendant que le pouvoir était entre vos mains? Vous avez érigé en maximes l'orgueil, l'égoïsme, la corruption, l'intérêt individuel pour quelques puissants. Vous avez escamoté la liberté de tout un peuple au profit de 200,000 privilégiés. Vous avez érigé la corruption en système dans le parlement et au dehors. Qu'avez-vous fait pour l'agriculture? Avez-vous songé à créer des institutions de crédit? Vous êtes-vous occupés du reboisement de nos montagnes, de la mise en culture des biens communaux, d'un bon système d'irrigation, de l'enseignement agricole? Qu'avez-vous fait pour les travailleurs? Avez-vous favorisé leur association? Qu'avez-vous fait pour l'enseignement politique et social du peuple? Ne l'avez-vous pas toujours mis hors la loi? Et la liberté de la presse? Ne l'avez-vous pas écrasée sous le poids des cautionnements et des amendes? Ne l'avez-vous pas fait gémir dans les prisons? N'avez-vous pas exploité les consommateurs par les hauts tarifs? Avez-vous songé à faire une loi sur l'assistance publique? N'avez-vous pas vicié l'armée avec le système du remplacement militaire? N'avez-vous pas favorisé l'exploitation des compagnies d'assurances au détriment des contribuables? De quels grands travaux publics pouvez-vous vous enorgueillir? Nos chemins de fer ne devraient-ils pas être achevés? N'avez-vous pas gaspillé plus d'un milliard qu'il faut ajouter au milliard payé à la coalition et à celui payé aux émigrés? N'avez-vous pas créé des places inutiles, plus de 50,000? À l'extérieur, n'avez-vous pas pratiqué la politique d'abaissement? Manquant à votre parole, n'avez-vous pas trahi et l'honneur et l'intérêt de la France et des peuples en Orient, en Pologne, en Italie, en Belgique? N'avezvous pas avili la France au point de n'avoir ni politique, ni volonté, ni alliés, ni prépondérance? N'avez-vous pas corrompu les mœurs publiques et jeté le cynisme, le matérialisme dans les esprits? Il fallait une révolution pour sauver les destinées de la France; cette révolution s'est accomplie et se trouve régularisée.

La République et la démocratie ont pour ennemis l'anarchie qui rêve une spoliation, ceux qui désirent la terreur, car elle serait suivie d'une réaction terrible; ceux qui voudraient réviser la Constitution pour y introduire deux chambres et un principe de restauration monarchique; ceux qui acceptent la Constitution par crainte d'une guerre civile, mais qui ne veulent aucune réforme; les détrônés, qui, avec le cortège des ambitions aristocratiques, voudraient refaire la politique des deux règnes précédents; les propagateurs des fausses idées. Les sectes socialistes sont dangereuses pour fournir des soldats égarés à l'émeute, par leurs attaques contre la société actuelle, et par leurs idées irréalisables. Enfin, l'égoïsme de la fortune, de la propriété et des capitaux, met obstacle aux réformes démocratiques.

Et cependant, nous fonderons un état social démocratique et indestructible.

Je vous appelle sur le terrain de la réalité et des faits. — La France est dégoûtée de vaines généralités et d'utopies. Et combien de réformes n'avons-nous pas à faire? Une meilleure répartition de l'impôt, la suppression du casuel du clergé, la réformation de la loi sur les prestations en nature, l'organisation de l'assistance publique, l'intervention de l'Etat pour favoriser l'association entre travailleurs, la mise en culture des biens communaux, le reboisement des montagnes, la suppression des compagnies d'assurances, de la loi sur les boissons, l'organisation du crédit et la réforme hypothécaire, l'institution de la force publique, l'enseignement populaire, général et gratuit; voilà l'œuvre à laquelle nous nous dévouons; voilà les questions pour lesquelles je propose ici même des solutions pratiques.

Peuple, écoute, voilà les cinq questions les plus importantes pour ton avenir, tes progrès et ton amélioration : 1º La question de la politique extérieure; 2º celle des travailleurs industriels; 3º la question du crédit démocratique; 4º celle de l'organisation de la force publique; 5º la question de l'enseignement populaire.

En voici la solution pratique.

PREMIÈRE QUESTION.

Politique extérieure.—Valeur des traités de 1814-15.

Quelle est la situation de la France en Europe? Quelle est la politique des grandes puissances? Quelle est la valeur actuelle des traités de 1814-15, et quelle doit être la politique de la France?

Depuis 1815, la France ne s'est pas relevée de son abaissement. Elle qui possédait 126 départements ; ce vaste empire qui s'étendait des Pyrénées et des Alpes jusque sur les bords de la Vistule, et qui comprenait la Belgique et la Hollande ; la voilà réduite à 86 départements ; elle n'a pas même conservé ses frontières du Rhin, on les a données à la Prusse et à la Bavière, et la Savoie au Piémont, nous mettant en hostilité avec ces peuples, et laissant la France à découvert, et vulnérable de deux côtés.

Il est triste de le dire, mais le drapeau de la grandeur française est demeuré enseveli sous la poussière de Waterloo. Où les derniers héros de la grande armée sont tombés, gît l'éclat de notre puissance. Nous avons encore le front courbé sous le joug de nos revers ; et l'honneur de la patrie s'est éteint dans une partie des cœurs français que le chancre de l'égoïsme dévore. Voilà le mal. Les traités de 1814-15 pèsent d'un poids horrible sur nos destinées. La coalition satisfaite nous a respectés en 1830 et en 1848, mais faut-il nous en glorifier ? Elle nous respectât aussi en 1815, après 25 ans de lutte et la défaite de Waterloo ! Elle savait bien que si elle eût attaqué notre principe de nationalité, la France devenait un tombeau pour ses armées !

Que contiennent-ils ces traités ? Ils ont construit l'Europe au mépris des droits des nations et dans l'intérêt de la coalition. Ces traités qui ont démembré notre puissance, déplacé nos frontières, amoindri nos forces, isolé notre politique, ouvert notre territoire à l'invasion, ont de plus consacré la puissance de l'Autriche en Italie, où elle possède le royaume Lombardo-Vénitien et les avantages de la mer Adriatique, maintenu le partage de la Pologne, entre la Russie, la Prusse et l'Autriche, constitué la permanence de la coalition, décrété le morcellement de l'Italie en États indépendants, établi la neutralité de la Suisse et constitué la confédération germanique.

Les traités de 1815 ont été violés par les puissances. — Leur révision.

Ces traités subsistent-ils toujours ? En droit, ils ne sauraient exister, car ils sont un attentat permanent au principe de l'indépendance des peuples. En fait, ils ont été répudiés par la Pologne qui revendiquera toujours sa nationalité. L'Italie vient de prendre les armes pour secouer leur joug. L'Autriche et la Russie les ont violés à Varsovie et à Cracovie. La France a renversé la monarchie des Bourbons et le gouvernement de Juillet pour reconquérir sa grandeur au dehors. Enfin, l'Allemagne viole ces traités et rompt l'équilibre européen, en appelant le roi de Prusse à la couronne impériale allemande ; et le roi de Prusse les viole en l'acceptant. Enfin, ils ont été déchirés par la séparation de la Belgique et de la Hollande. Les reconnaître, ce serait approuver le morcellement de l'Italie en États indépendants, la domination de l'Autriche dans le royaume Lombardo-Vénitien, le partage de la Pologne, l'amoindrissement de la France, l'esclavage intérieur des peuples, la dissolution de l'Allemagne.

Politique et agrandissement des autres grandes puissances.

Voyez l'immense tableau des possessions de l'Angleterre; elle possède 100 millions de sujets dans les Indes. Quels immenses débouchés pour son commerce ! Dans l'Amérique du nord, elle tient le haut et le bas Canada, le territoire Hudson-Bay, l'île du prince Edouard, le cap Breton, Terre-Neuve ; dans l'Amérique du sud, Demerari, Essequibo, Berbice, Gonduras, îles Falkland. En Europe, elle domine la Méditerranée par le détroit de Gibraltar ; elle convoite les îles Majorque et Minorque ; elle a Malte, Corfou, Gozzo, Pantalarie, Santa-Maura, Zanthe, Céphalonie, Ithaque, Héligoland, Paxo, Cérigo ; et dans l'Afrique, n'a-t-elle pas le cap de Bonne-Espérance, l'île Maurice, Mahé, îles Séchelles, Sainte-Hélène, cap Coast, Acera, Gambie, Sierra Leone, l'Ascension ? Dans les Indes occidentales elle possède la Jamaïque, Trinidad, Tabago, Grenade, Saint-Vincent, les Barbades, Domingo, Sainte-Lucie, Antigoa, Mouserrat, Nevins, Saint-Kitts, Anguilla, Tortola, îles Vierges, Nouvelle-Providence, îles Bahama, îles Saint-Georges, îles Bermudes. Dans l'Australasie, n'a-t-elle pas la Nouvelle-Galles du sud, île de Van-Diémen, la rivière du Cygne, le détroit du roi Georges, îles Norfolk; et dans les Indes, Ceylan, Madras, Bombay, une partie du Décan. Ajoutez à cela l'Ecosse, l'Irlande qu'elle exploite, et son ambition dirigée vers l'Egypte afin de passer par Alexandrie et l'isthme de Suez pour arriver dans ses possessions. Puissance maritime et puissance commerciale, l'Angleterre exerce une grande influence chez les nations affaiblies et sur le marché européen.

La France possède seulement en Afrique l'Algérie, la colonie du Sénégal, l'île de Gorée, l'île Bourbon ; en Asie, Poudichéry, Chandernagor, Mahé, etc. ; en Amérique, la Guyane française, la Martinique, la Guadeloupe, les îles Saint-Pierre et Miguelon ; en Océanie, l'Archipel des îles Marquises.

Et l'Autriche, quelle est donc sa puissance ? Elle est grande, elle peut s'accroître, comme aussi elle peut être disloquée. En effet, retranchez la Gallicie, (ce fragment de la Pologne) c'est-à-dire 4,217,791 habitants, la Hongrie, c'est-à-dire 11,233,587 habitants, le royaume Lombardo-Vénitien, c'est-à-dire 4,457,747 habitants, après que deviendrait l'Autriche ? Il lui resterait l'archiduché d'Autriche, le Tyrol, la Styrie, l'Illyrie, la Bohême et la Moravie faisant partie de la confédération germanique. Il ne faut pas être grand politique pour comprendre tout l'intérêt de l'Autriche en Italie; elle y puise des soldats et des écus ; c'est pour elle ce que la Belgique serait pour la France. Bien plus, elle a les avantages que lui donne la mer Adriatique. Le centre du commerce autrichien est Venise, port guerrier, avec Trieste port marchand, Fiume, port guerrier et marchand, en Illyrie. La Dalmatie lui fournit sa marine marchande et militaire. Tout l'intérêt de l'Autriche est là, il lui faut l'Adriatique pour son commerce avec le monde; le royaume Lombardo-Vénitien est pour l'Autriche ce que Constantinople est pour la Russie. Enfin, soyez-en convaincus, l'Autriche, si elle réussit, médite une ligue commerciale avec les villes italiennes, et je crains bien qu'elle ne se place à la tête d'une confédération italienne en faisant de vaines concessions libérales.

La France doit repousser une telle politique.

Quant à l'Allemagne, elle veut constituer son unité et songe au moyen d'avoir une marine. L'unité allemande, moins la Prusse, moins l'Autriche, moins l'Empire, c'est le résultat que nous devons désirer. La Prusse n'a aucune sphère d'ambition en dehors de l'Allemagne; mais elle peut se placer à la tête d'une confédération germanique; et l'assemblée de Francfort vient de lui offrir la couronne impériale. Cet empire, selon les circonstances, pourrait s'efforcer de former une unité avec 50 millions d'habitants, et qui sait, si cette politique ne réussirait pas à englober la Hollande et la Belgique? L'acceptation de la couronne impériale par le roi de Prusse devrait mettre la politique européenne dans la nécessité de le forcer à renoncer, lui et les siens, au gouvernement de la Prusse, et l'Autriche dans la nécessité de se retirer de la confédération germanique, mais dans ce moment, il est impossible que l'Autriche porte ses armes de ce côté. Et, en France, ceux qui manient la politique ne veulent pas la guerre. Quant à la Russie, peut-être ne s'y opposerait-elle pas; mais alors si elle le fait, si elle appuie l'Autriche en Italie et en Hongrie; en revanche, elle ira à son point d'ambition, à *Constantinople.* L'Autriche, la Prusse et la Russie ont plutôt fait une alliance solidaire pour dominer la Pologne, l'Italie, l'Allemagne, la Hongrie, et étouffer partout la démocratie.

La Russie maîtresse de Constantinople! c'en est fait de l'indépendance des peuples : la France républicaine est en péril, le règne de la démocratie sera partout attaqué. Regardez cet immense empire de 70 millions d'âmes qui s'étend de la mer Noire à la mer Baltique, s'appuyant sur la race slave, possédant des armées campées en Pologne, loin de nos frontières comme nous le sommes trois fois d'ici à Paris. Le langage slave est parlé dans les pays occupés par les nations russe, bulgare, illyrienne, placées sous les sceptres de la Russie, de l'Autriche, de la Turquie. On le parle au midi jusqu'à Solm, à l'est depuis Viaska et Saratov jusqu'en Amérique, et à l'occident jusqu'à Venise; c'est-à-dire au sein d'une population de 62,017,000 de slaves ainsi répartis : 51,184,000 Russes, 3,557,000 Bulgares, 7,246,000 Illyriens. En Russie, 48,596,000, en Autriche, 7,527,000, en Turquie, 6,100,000; il comprend trois langues, la russe, la bulgare, l'illyrienne. D'un autre côté, la Russie ne se ralentit pas dans sa marche vers Constantinople; elle augmente sa puissance chez les Moldo-valaques. Puis elle a conquis des ports nombreux aux dépens de la Turquie. Par le traité de Kaïnardji de 1774, elle obtint avec la Crimée le droit de faire naviguer sa marine marchande dans les mers de la domination turque ; par le traité de Yassi, de 1792, elle s'empara du territoire d'Oczakoff; lorsque la Grèce et la Turquie étaient en guerre, la politique russe eut le plaisir de voir la flotte française et anglaise détruire la flotte turque à Navarin en 1828. En 1829, la Russie met en défaite l'armée ottomane, et le traité d'Andrinople de 1829 lui ouvre le cours du Danube et 200 lieues de côtes sur la mer Noire. Enfin, le traité d'Unquas-Skelessi de 1833 lui avait donné la clé des Dardanelles. Il suffit d'un coup de main de la part de la Russie pour s'emparer de Constantinople : elle n'attend que l'occasion.

Déclin des autres puissances.

Partout ailleurs je vois déclin, affaiblissement, démembrement, en Turquie, en Pologne, en Italie, en Belgique, en Hollande, en France.

Et voici ma conclusion : Non-seulement je crains que la politique française n'abandonne la Pologne, l'Italie, les Hongrois, ne renonce à la Belgique, à la Savoie, à nos frontières du Rhin qui s'offrent à la France, mais je crains encore que la Russie n'arrive à Constantinople, que l'Autriche ne se place à la tête d'une confédération italienne, que le roi de Prusse n'accepte la couronne impériale allemande, ou n'étouffe l'Allemagne avec la ligue des princes et des rois; c'est pourquoi je le proclame bien haut: prenons les armes pour demander la révision des traités de 1814-15, et pour soutenir le principe des nationalités. Si cette politique ne triomphe pas, les nationalités, les démocraties, tout succombera en Pologne, en Italie, en Hongrie, en Allemagne, en France.

Eh bien ! non, l'absolutisme sera vaincu.

Notre but politique au dehors.

Notre but politique à nous est tout différent; le voilà : Nous voulons que la Pologne soit reconstituée, que l'Italie soit affranchie de l'Autriche, que l'Allemagne constitue son unité sans empire, sans la Prusse, sans l'Autriche, que la Hongrie soit érigée en nation, que la France devienne un peuple de 43 millions d'âmes, avec la Belgique, la Savoie, nos frontières du Rhin. Si cette politique triomphe, les nations sont constituées, la liberté du monde est assurée.

Nous avons donc de grandes choses à faire. Nous ne demandons pas la guerre, elle existe. Si la France laisse succomber les peuples, elle se détruit elle-même. La France est le seul peuple rajeuni par le principe républicain qui puisse soutenir, défendre les vieilles civilisations de l'Espagne, de l'Italie, de la Germanie, de la France.

Les peuples abandonnés à eux-mêmes succomberont.

Affranchissement des nationalités. — Immenses résultats.

On affecte d'amoindrir les résultats : N'est-ce donc rien que de voir surgir du sein de cette ligue, de cette intervention, une nation polonaise de 24 millions d'habitants, une nation italienne de 25 millions d'âmes, une nation hongroise de 12 millions d'êtres, une nationalité allemande de 23 millions de population, c'est-à-dire, 84 millions *d'êtres libres?* Ajoutez à cela la France forte de 43 millions d'habitants, après avoir récupéré la Belgique, qui nous ouvre un débouché pour nos vins; nous donne des ports commerciaux, la Savoie et nos frontières du Rhin qui nous protègent.

Choisissez enfin entre cette politique, ou la décadence rapide du monde civilisé. Vous reculerez pour mieux sauter. Maintenant nous pouvons mourir libres, dans 50 ans, nous pourrions être morts en esclaves.

Bien plus, cette politique seule peut maintenir l'intégrité de la Turquie d'Europe, de la Syrie et de l'Egypte.

Cependant si cet empire devait s'effacer, la Russie, l'Angleterre et la France seules, peuvent intervenir avec succès.

Moyens de succès.

Nous avons pour triompher, le droit, le principe des nationalités, la force des armes. Cette politique peut-être soutenue par 1,200,000 français, 200,000 hongrois, 200,000 polonais, 200,000 italiens, une partie de l'Allemagne. C'est l'Europe donnant le baptême de gloire aux peuples libres.

Tout citoyen sensé reconnaît l'opportunité, la justice, la nécessité de la guerre; ceux qui la repoussent craignent un échec pour nos armes, une dépense pécuniaire, une dictature militaire, une émeute à l'intérieur. — Craintes chimériques. — D'autres refusent la guerre pour humilier la politique républicaine, pour la placer au-dessous de celle de la restauration et de Louis-Philippe, pour empêcher le triomphe de la démocratie au dehors.

Ni la restauration, ni la monarchie de juillet ne pouvaient pratiquer cette politique. — La République seule doit et peut la réaliser.

Il faut en convenir : la monarchie de 1814, restaurée par les baïonnettes étrangères, au sein d'un peuple épuisé, ne pouvait pas briser les traités des puisances, et faire la guerre en faveur des nationalités. Cependant nos armes n'ont pas toujours été dans l'oisiveté; elles ont reparu en Espagne, pour la mauvaise cause, il est vrai; elles ont porté du secours aux Grecs, combattant contre les Turcs, enfin, elles ont fait la conquête d'Alger.

Je conviens encore que le gouvernement monarchique et égoïste de 1830, ne pouvait pas faire la guerre en faveur des peuples. Aussi, à part nos gloires d'Afrique, sur toutes les questions européennes; il a capitulé. La Russie et l'Autriche se sont moquées des protestations en faveur de la Pologne et de l'Italie. — Le gouvernement est intervenu en faveur des Belges. Mais il faut savoir que ce fut avec l'assentiment des puissances qui étaient bien aises de séparer la Belgique de la Hollande, et qui ont compté à la France, le nombre d'hommes et d'heures nécessaires au succès de cette expédition. Enfin, en 1840, des hommes politiques se faisant illusion sur la puissance du pacha d'Egypte, soit pour empêcher la chute de la Turquie d'Europe, soit par crainte de voir Constantinople menacée par la Russie, et l'Egypte par l'Angleterre, se dirent : Soutenons le pacha d'Egypte, il aura la Syrie, et si on ne l'arrête pas, il ira peut-être jusqu'à Constantinople. Ce sera une puissance contre l'Angleterre et la Russie. Mais la coalition se levât, et dit : Turquie, Egypte, Syrie, resteront faibles ; et la France a capitulé.

Et les puissances oseront tout, accompliront tous leurs desseins, et la France capitulera toujours ; pourquoi ? Parce que l'on ne veut pas en France se résoudre à la guerre. Que demain les ennemis entrent sur nos frontières, vous verrez, oh honte! des hommes aller à leur rencontre, et proposer des traités plutôt que de faire un appel aux armes.

Chose inouïe, la politique de la République, s'est placée au-dessous de celle de la Restauration et de Louis-Philippe, elle manque à sa parole, elle laisse immoler les peuples.

Et cependant, y eût-il jamais un moment plus propice?

La République est accueillie avec enthousiasme en France ; les monarchies absolues de Prusse et d'Autriche s'écroulent, on les remplace par des monarchies constitutionnelles, j'ai presque dit des Républiques; la Hongrie se sépare de l'Autriche; l'Italie proclame des Républiques et lève le drapeau de son indépendance ; les Viennois eux-mêmes appuient ces mouvements; la Prusse ne songe qu'à sa révolution intérieure ; l'Allemagne s'associe au mouvement démocratique qui agite le monde européen; la Pologne n'attend que le signal ; la France fera-t-elle la guerre? Demandera-t-elle la révision des traités? le remaniement des nationalités? Non. Elle permettra à l'Autriche le sac et la ruine des villes italiennes, elle permettra à la Russie d'intervenir contre les Hongrois, en un mot, elle désertera le champ de la politique française ; elle aidera la coalition pour l'accomplissement de ses desseins.

La France est parvenue à ce point, grâce à la mauvaise politique de nos gouvernants, qu'elle n'a au dehors ni but, ni honneur, ni prépondérance, ni parole ; bientôt les peuples la maudiront, et si la guerre civile éclatait, peut-être subirions-nous le sort de la Pologne et de l'Italie.

C'en est trop. De l'héroïsme, la guerre.... et nous atteindrons le but politique posé par ceux qui comprennent la mission de la République et son avenir.

Il faut donc que la France se place à la tête des peuples et des démocraties, pour obtenir : 1º L'indépendance complète de l'Italie ; 2º la reconstruction de la Pologne ; 3º un pacte fraternel avec l'Allemagne ; 4º la constitution de la Hongrie ; 5º la réhabilitation de la France.

Reconstituer la Pologne, c'est faire un acte divin, un acte de justice; c'est effacer un crime, élever une barrière contre la Russie, faire entrer une individualité dans la famille des nations, affaiblir la Prusse, l'Autriche et la Russie, créer un allié à la France, constituer l'équilibre européen.

Obtenir l'indépendance de l'Italie, c'est faire respecter le droit national, c'est rendre la souveraineté à un peuple de 25 millions d'habitants confédérés et toujours alliés de la France contre l'Autriche et la politique du Nord; c'est affaiblir l'empire autrichien; c'est prendre l'humanité, la vérité, la justice pour base de la politique.

Tendre la main à l'Allemagne, c'est lui promettre que la France ne permettra pas que la Prusse, l'Autriche et la Russie gênent ses mouvements vers l'unité ou vers la démocratie.

Constituer la Hongrie, c'est émanciper la Pologne, c'est élever une barrière de plus contre la Russie, c'est faire prévaloir la politique des nationalités.

Restituer à la France la Belgique, la Savoie, ses frontières du Rhin, c'est vouloir sa grandeur naturelle et sa grandeur politique, car la liberté du monde européen dépend de la constitution de la France.

La France n'a pas d'autre voie à suivre. L'histoire, la géographie, la politique, vous disent que la France a pour alliées l'Italie, l'Espagne, la Suisse, l'Allemagne, la Pologne, les nationalités opprimées, voisines, civilisées, et qui sont en dehors de la coalition.

Et tout gouvernement français qui ne marchera pas à ce but politique pataugera dans la honte, dans la fange. — Eh quoi! vous piaillez au lieu d'agir, et vous nous dites que nous proclamons une politique de propagande révolutionnaire? Je vous arrête à mon tour pour vous confondre.—C'est au contraire la vieille politique s'appuyant sur la vérité du principe des nationalités et de l'équilibre européen que nous soutenons, tandis que votre politique à vous est celle du don Quichottisme ou de l'idéologie.

Vérité du principe des nationalités.— Don Quichottisme et injustice de la propagande.

On a confondu bien à tort le droit d'intervention dans les questions de politique intérieure et dans les questions de politique extérieure.

Par exemple, nous n'avons pas le droit d'intervenir en Prusse, en Espagne ou en Autriche, pour appuyer un parti politique et faire réussir telle ou telle forme gouvernementale, de même que nous n'avons pas le droit d'intervenir en Italie ou en Pologne pour faire proclamer telle ou telle forme de gouvernement; mais nous avons le droit absolu d'y entrer pour en chasser les Autrichiens ou les Russes, parce que notre politique ne doit pas permettre la destruction d'une nationalité.

Méprisons la politique de l'idéologie, qui dit : Laissez faire la liberté, le progrès; ils relèveront la Pologne, l'Italie, la Hongrie. Comment obtiendrait-on ce résultat sans les armes? Ne suivons pas non plus cette politique aventureuse du don Quichottisme, qui voudrait faire une guerre de principes, engager les armées françaises au sein des peuples pour y improviser des gouvernements analogues.

Et si l'on a fondé des monarchies constitutionnelles pour remplacer des monarchies absolues, en Espagne, en Portugal, en Prusse, en Autriche, en Grèce, il ne faut pas en attribuer la cause à d'autres qu'aux partis qui les ont vues et fait naître.

Ainsi, l'intervention de la France en Espagne en 1823, celle que M. Thiers méditait en 1836, me paraissent impolitiques, injustes; de même que je considérerais comme insensée la politique qui enverrait des armées françaises proclamer des républiques à Constantinople, à Saint-Pétersbourg ou à Vienne. Mais une nation a le droit d'intervenir dans les questions de politique extérieure, soit pour résister à l'agrandissement d'une puissance, soit pour aider un peuple conquis ou morcelé à se reconstituer. Une nation est une vérité obligatoire aux yeux du droit des gens, de l'humanité, de l'équilibre européen et de la civilisation.

DEUXIÈME QUESTION.

Comment résoudre la question des travailleurs salariés? — De l'association praticable. — De l'intervention de l'Etat.

La révolution de Février s'est faite au bénéfice de tout le monde par la conquête de la liberté politique, de la Constitution et des institutions sociales, par l'assurance d'un enseignement digne d'un peuple libre; mais ce sont principalement les ouvriers salariés, puis l'armée, puis l'agriculture et la propriété qui emprunte, qui vont en retirer les plus immédiats, les plus grands avantages. — *Voici comment.*

Je ne viens point faire des racontances sur l'état physique et moral des classes industrielles, sur le taux et les variations des salaires, sur les causes de progrès ou de décadence de telle ou telle branche d'industrie; je viens proposer une solution pratique, économique.

On sait bien que le travail, l'ordre, l'économie, la foi, la moralité, l'instruction professionnelle, l'éducation, sont des conditions nécessaires au bien-être, à l'amélioration des classes ouvrières; mais cela ne suffit pas, et ce n'est pas résoudre la question du progrès et de la transformation du prolétariat. On oublie deux conditions, *l'association* et le *crédit.*

Tout dépend de la manière dont on veut en faire *l'application.*

En présence de cette grave situation sociale qui renferme de si grands intérêts, un avenir immense, que disent les hommes? Les uns ne veulent rien faire, ne voient rien au-delà de ce qui est; les autres vont jusqu'au point de bouleverser la société tout entière, sous prétexte de la réorganiser.

Résoudre la question des travailleurs par le phalanstère, c'est rêver un monde qui n'existera jamais ; vouloir rendre l'Etat maître de tout afin qu'il puisse salarier les travailleurs, c'est détruire la liberté au profit d'un despotisme oriental; demander que tout soit commun entre ouvriers, c'est ériger des capucinières, des monastères mystiques, sans grandeur, sans liberté. Ecartons ces utopies.

J'éprouve encore le besoin d'exposer quelques considérations.

La population industrielle tend à s'accroître bien plus que la population agricole et commerciale. En effet, un petit propriétaire ou un fermier ne peut pas employer plus de bras qu'il n'en faut pour la culture de ses terres. La population commerciale qui ne crée rien, ne peut pas se multiplier indéfiniment au-delà des besoins actuels. Tandis que la civilisation, en se développant, excite à produire plus de richesses de luxe et d'amélioration; par conséquent, il faut un plus grand nombre de population industrielle. Je gage que dans vingt-cinq ans la population industrielle aura pris un plus grand accroissement.

Il faut considérer que le travail sans le capital éprouve trois désavantages : 1º les travailleurs se font concurrence à eux-mêmes; 2º quoique l'on en dise, les machines font une concurrence aux travailleurs ; 3º enfin, le capital exploite le salarié et il livre à la consommation des richesses qui, indépendament du salaire et de l'intérêt du capital, lui rapportent *un profit*. Dans cette situation, les ouvriers ont moins de moralité, les épargnes leur sont plus difficiles, leurs salaires sont réduits, et ils n'ont pas les avantages que leur donnerait l'emploi du capital.

Leur situation n'est pas à comparer à celle de la classe agricole ou commerciale :

En effet, la classe agricole possède l'instrument de la production, c'est la terre et le capital. Et le phénomène de la propriété individuelle rend presque impossible la formation des associations agricoles. La classe commerciale possède aussi le capital, et les sociétés commerciales ont leur législation. — Le commerce, avec la manipulation de ses affaires, est le résultat de la prospérité, il n'en est pas la cause; la cause, c'est la production des richesses, l'aisance de chaque catégorie de producteurs.

La situation des travailleurs salariés est donc le côté faible de l'ordre sociale actuel. Comment la modifier? Il n'y a que deux moyens à mes yeux : 1º L'association volontaire et libre entre ouvriers de la même profession ; 2º L'intervention de l'Etat, pour exciter la formation de ces associations, et cautionner, commanditer celles auxquelles il manquerait un capital suffisant.

Cela posé. J'arrive à la solution pratique et je procède par analyse.

Pour les têtes évaporées, cette question se montre colossale, et, au fond, elle se réduit à de faibles proportions.

En effet, admettons que la population industrielle soit de 6 à 7 millions.

Il faut retrancher, comme ne pouvant pas former des associations, environ 3 millions de femmes; il faut retrancher tous les enfants des deux sexes; il faut retrancher 1,200,000, ou 1,500,000 individus répandus dans les campagnes selon les besoins des localités, n'ayant pas besoin de s'associer et ne le pouvant pas ; il faut retrancher les ouvriers qui préféreront travailler à leurs pièces, ou pour le compte de l'industrie privée, et qui pour cela ne voudront pas entrer dans aucune association ; il faut retrancher les ouvriers employés aux travaux qui exigent un capital immense, et pour lesquels ils ne pourraient pas soumissionner; il faut retrancher les travailleurs jusqu'à l'âge où leur apprentissage est fini, et même jusqu'à l'âge où ils ont pu faire des épargnes et où les mariages se décident.

D'où je conclus que le nombre des ouvriers disposés à former des associations ne s'élève pas actuellement à 800,000 hommes.

Eh ! puis, c'est là votre pierre d'achoppement ! C'est là le cratère de la révolution ! Allons donc.

Remarquez encore que ces 800,000 ouvriers à 1,000 francs chacun d'épargnes, de propriétés, nous représentent environ 800 millions. Il est permis de dire que la plupart des ouvriers auraient presque les capitaux nécessaires au succès de leur association.

Voici la solution.

L'association n'est possible qu'entre ouvriers de la même profession; ils ne peuvent s'associer que par *leurs travaux* et dans le but de leurs travaux.

Ceux qui voudront mettre en commun leurs travaux et leurs capitaux pour atteindre le but de leur profession *passeront un acte public.*

Cet acte contiendra la durée de l'association, son but, les mises de fonds, les différentes conditions entre les sociétaires.

L'association après avoir fonctionné fera sa répartition, en prélevant : 1.º le prix des salaires égaux ou inégaux ; 2º l'intérêt seulement du capital pour ceux qui l'auront fourni ; 3º le surplus sera la somme des *profits* à distribuer entre associés ; on pourra stipuler qu'une partie sera destinée à accroître le fonds social.

Mais, supposons qu'il se forme des associations ne possédant pas un capital suffisant, alors l'Etat *interviendra.* Il cautionnera les faibles, dans de certaines limites. Ainsi, par exemple, il se forme 5,000 associations par an, de 6, 12, 15, 25, 50, 100 membres, etc., l'Etat cautionne chacune d'elles pour 5 ou 10 mille francs, cela fait 25 ou 50 millions; supposons 100 millions. Avec la caution de l'Etat, ces associations trouveront des capitaux, soit dans les banques, soit chez les capitalistes ; et l'honneur, l'intérêt, la moralité des associations nous sont un sûr garant qu'elles satisferont à leurs engagements ; au surplus, dans la sphère industrielle qui dit *travail* dit production.

Il y a un autre moyen que voici : l'État peut mobiliser pour 300 millions de biens. Au lieu d'avoir des propriétés immobilières qui lui rapportent 2 1/2 il possèdera 300 millions qui lui donneront 3 ou 4 p. 100.

Que fera-t-il de ces 300 millions? Il prendra des actions pour 150 millions pour constituer les banques publiques dont nous allons parler, et il versera 150 millions dans les caisses des banques qui seront à sa disposition.

Ces 300 millions qui lui produiront au moins 15 millions, au lieu de 7, combleraient les pertes qu'il pourrait éprouver pour les cautions qu'il aurait données ; et certain des capitaux ainsi disponibles, il pourrait chaque année commanditer des associations industrielles au moins pour 50 à 100 millions.

Je résouds le plus grand problème sans bourse délier, sans utopie, sans difficulté. Pour régulariser ce mécanisme, il faut l'établir en dehors du budget.

L'exécution de ce projet exige la création d'un ministère du travail réuni à celui de l'agriculture , d'une comptabilité, parce qu'il ne faut pas que l'État reste à découvert au-delà de telle somme; enfin, d'une inspection.

Examinons quelles en seraient les conséquences? La production générale des richesses augmenterait , les ouvriers percevraient non-seulement leurs salaires, mais encore les bénéfices du capital. 800,000 sociétaires multipliés par 4 à cause de la femme et des enfants, cela ferait 3,200,000 individus profitant des avantages de l'association ; le salaire des autres ouvriers salariés s'élèverait, les ouvriers associés réaliseraient de plus fortes économies, la féodalité industrielle disparaîtrait, et le bien-être de la classe ouvrière deviendrait une source de consommation pour toutes les industries.

J'ai pour adversaires ceux qui ne veulent rien faire pour les ouvriers, ceux qui rêvent des utopies. Ouvriers, suivez mon idée, c'est la vérité ; il n'y a point d'autre organisation du travail possible aux yeux de la politique. Je passe à la troisième question.

TROISIÈME QUESTION.

De l'organisation du crédit démocratique en faveur de la propriété, du commerce et du travail, en faveur de tous ceux qui ont des épargnes à utiliser, des capitaux à faire fructifier.

Je vais résoudre cette immense question sans faire aucune innovation, aucun bouleversement, sans quitter un seul instant le terrain de la réalité et des faits.

Chacun sait quels immenses avantages les institutions de crédit produisent. C'est un des plus grands besoins pour notre pays. Il n'existe aucune institution de crédit pour la propriété immobilière, il faut que tous les emprunteurs passent par l'intermédiaire des notaires ou des banques usuraires. Les banques existantes sont très insuffisantes pour les besoins du commerce et pour ceux qui veulent emprunter en donnant des marchandises en nantissement. Enfin, ceux qui auraient des dépôts à faire dans les caisses d'épargnes, ne peuvent pas les y placer, parce que ces institutions de crédit ne sont pas assez généralisées.

Pour faire pénétrer d'une manière absolue cette conviction dans tous les esprits, examinons d'abord quels sont les besoins, les intérêts qui réclament l'organisation du crédit démocratique; nous démontrerons ensuite la possibilité de l'organiser, et son organisation une fois établie, nous en déduirons les conséquences.

Les institutions de crédit sont réclamées :

1° Par la propriété agricole qui emprunte par billet ou par hythèque à 10 ou 12 p. 100. Car il faut payer 5 p. 100, puis les honoraires du notaire, le papier et le droit d'expédition, l'enregistrement, les frais d'inscription, et très souvent les frais d'un voyage au chef-lieu d'arrondissement, parce qu'il n'existe point de banques dans les cantons. Or, la propriété immobilière doit environ 7 à 8 milliards au moins; et chaque année il se fait 170 mille emprunts au-dessous de 500 fr.

2° Elles sont réclamées pour les besoins des transactions agricoles, passez-moi l'expression, par tous les propriétaires qui vendent leurs récoltes et par ceux qui les achètent. Ceux qui achètent le font au comptant, ou bien, si leur paiement se fait en papier, il n'y a point de banques pour l'escompter ; elles manquent dans les cantons ruraux. Or, le revenu agricole de la France est de 2 milliards 200 millions environ; ce qui peut occasionner un chiffre triple d'affaires ;

3° Elles sont réclamées par tous ceux qui ne pouvant pas momentanément vendre leurs marchandises, et ayant besoin d'argent, en trouveraient dans les banques auxquelles ils donneraient des marchandises en *nantissement;*

4° Elles sont réclamées (car les caisses d'épagnes qui ne sont établies que dans quelques localités sont insuffisantes) par 7 a 800 mille domestiques de tout âge, de tout sexe, qui peuvent déposer en moyenne de 500 à 1,000 francs, c'est-à-dire quatre cents à huit cents millions; maintenant ils placent mal, ou ils n'utilisent pas du tout leurs capitaux. Elles sont réclamées par 5 à 600,000 ouvriers journaliers de tout âge et de tout sexe qui peuvent également déposer chacun de 500 fr. à 1,000 fr., c'est-à-dire de trois à six cents millions, et par les ouvriers industriels de nos petites villes, de nos communes, de nos cantons, où il n'existe point de caisses d'épargnes. Voilà les intérêts populaires que l'on doit sauvegarder ; voilà la bonne politique ;

5° Elles sont réclamées par tous les intérêts qui sont exploités par les banques individuelles qui prêtent à 12 p. 100, qui n'offrent aucune garantie, qui battent monnaie, et qui chaque jour font faillite ;

6° Elles sont réclamées par le commerce, car le nombre des banques est insuffisant, et si la banque de France et ses divers comptoirs escomptent pour deux à trois milliards d'effets de commerce, à coup sûr, lorsque les banques seront constituées, elles escompteront pour plus de six à huit milliards d'effets négociables ;

7° Elles sont réclamées par les associations ouvrières qui se formeront, et auxquelles elles feront des avances de fonds avec la caution de l'État ;

8° Elles sont réclamées par les capitalistes eux-mêmes qui trouveront là ou un dépôt à faire, ou des bons hypothécaires pour leurs capitaux ;

9° Elles sont réclamées pour détruire l'usure et la féodalité financière de tous ces barons qui créent des banques individuelles et battent monnaie. Aussitôt que les institutions de crédit seront fondées, vous verrez disparaître les seigneurs du coffre-fort, les ducs de l'usure, les comtes de la finance. J'évalue à deux milliards annuellement le budget de l'usure et des privilèges du capital.

Je porte le défi à qui que ce soit de démontrer qu'il n'y a pas nécessité de fonder les institutions de crédit en France.

Le grand levier de la production, c'est le capital : il est donc urgent de créer les institutions de crédit pour favoriser l'épargne du capital, activer le mouvement des transactions, féconder la production en portant facilement le capital à un taux modéré, vers l'agriculture, le commerce et le travail industriel.

Mais comment organiser le crédit ?

Il faut distinguer le mécanisme des institutions de crédit, en d'autres termes, leurs fonctions, et le *crédit* de ceux qui veulent s'en servir ; le crédit d'un individu est basé sur la possibilité de payer.

Il est possible de fonder les institutions de crédit en rapport avec tous les besoins de la société, sans rien inventer ; il suffit de *centraliser* les opérations que les diverses institutions de crédit exécutent séparément. Ainsi, vous avez d'un côté une caisse d'épargnes, de l'autre, une banque d'escompte individuelle ou anonyme, mais seulement pour les effets de commerce, et cela d'une manière incomplète. Je propose d'attribuer ces différentes fonctions à *l'unité* de banque. Et pourrait-on me démontrer qu'il serait impossible à la même banque d'être en même temps caisse d'épargnes, banque pour escompter les effets de commerce, banque pour prêter sur garanties hypothécaires, etc. ? Non, au contraire, ces différentes opérations s'entr'aideraient, et, de plus, il en résulterait une économie, car il suffirait d'avoir un seul *personnel.*

Il faut créer le monde du crédit, comme l'on crée le monde de l'art, ou le mécanisme d'une vapeur ; c'est un des nœuds gordiens de l'économique sociale. Ce monde renfermera plus de richesses que la Californie. Le crédit sera organisé lorsque vous aurez créé une banque anonyme au chef-lieu de chaque département, ayant un comptoir dans chacun des 2,847 chefs-lieux de canton; et lorsque vous aurez constitué cette banque anonyme, vous lui attribuerez les différentes fonctions dont nous allons parler, et que chacun connaît. Les matériaux existent; il ne s'agit que de construire, comme un maçon ou un charpentier. Supposons que cette banque anonyme soit créée au capital social de 8 , 9 ou 10 millions ; à 10 millions cela fait 860 millions.

Les actions seront divisées en coupons de 500 francs à 1,000 francs.

Profitant de cette occasion, la démocratie, qui n'est pas assez riche pour acquérir une exploitation agricole, deviendra propriétaire en achetant des actions de la Banque nationale publique ; et soyez certains que les actionnaires ne manqueront pas dans chaque département. Cette organisation du crédit mettra bientôt tous les capitaux de la société en activité et deviendra une source d'ordre et de prospérité.

Il est d'autant plus facile de créer ces institutions de crédit que la France possède un capital monétaire énorme, et que les capitaux sont beaucoup éparpillés, démocratisés. — Le capital monétaire est de 4,980,361,319 fr ; savoir : en pièces d'or, 1,167,441,720 fr. ; en pièces d'argent, 3,740,645,724 francs, et en monnaie de billon, 72,273,875 francs. — Au surplus, le montant des actions pourra être versé moitié comptant, moitié plus tard, avec une garantie hypothécaire.

Cela posé, quelles seront les fonctions des banques *publiques nationales ?*

Elles exerceront des opérations que nous connaissons tous :

Elles feront l'office des caisses d'épargnes, et leur multiplicité favorisera partout l'épargne de l'ouvrier des villes et des campagnes, des gens de service;

Elles seront banques de dépôt pour tous les capitaux qui dépasseront un certain *quantum*, et qui ne leur seront confiés que pour un certain temps ;

Elles feront des avances sur lingots, effets publics, *consignation* de marchandises. Remarquez bien ceci, la banque fera un contrat de *nantissement* avec les particuliers, (car il faut mettre la loi civile en rapport avec les faits économiques), alors la banque pourra faire des avances au vigneron qui a du vin dans ses caves, à l'agriculteur qui a des produits invendus, et si le débiteur vendait (sans payer) l'objet du nantissement, il serait puni comme un voleur;

Elles escompteront tous les billets revêtus seulement de deux signatures, à quatre-vingt-dix jours d'échéance. (Bien entendu qu'elles seront libres et qu'elles n'accepteront pas les billets souscrits par des gens insolvables) ;

Elles feront des avances aux associations ouvrières avec la garantie de l'Etat; elles pourront ouvrir des comptes courants;

elles serviront de moyen de circulation et de paiement pour les traites, les billets, les effets de banque, d'une place sur une autre:

Enfin, les banques feront des prêts hypothécaires. Mais pour qu'elles puissent atteindre ce résultat, voici les différentes mesures qui en sont les conditions indispensables :

D'abord, il faudra soumettre à la publicité les hypothèques occultes, légales, des femmes et des mineurs, ainsi que tous les actes translatifs de droits de propriété, constitutifs de créances. — Il faut aussi établir l'hypothèque spéciale. Secondement, il sera nécessaire de simplifier les frais, les formalités, les délais de la procédure, en cas d'expropriation. Enfin, et c'est sur ce point que j'appelle toute votre attention, il faudra modifier la loi hypothécaire et élever le contrat d'emprunt passé avec la banque au rang de *titre authentique*, en déclarant que l'on pourra prendre inscription en vertu de ce titre. Le billet souscrit par l'emprunteur sera dès-lors hypothécaire, remboursable, si l'on veut, par annuités, et transmissible par voie d'endossement. Pourra-t-on faire commandement après le protêt? ou faudra-t-il un jugement en cas de non paiement? J'inclinerais pour le simple commandement. Qu'en résultera-t-il? Que tous les frais des actes notariés seront supprimés ; il en résultera que les capitalistes qui voudront placer sûrement leurs capitaux iront à la banque qui leur donnera des billets de ce genre, garantis par elle-même, servant ainsi d'intermédiaire entre la propriété et le capital ; il en résultera que tous les emprunteurs iront de préférence chercher des capitaux à la banque où ils ne paieront que 3 1/2 pour 100, au lieu de payer 10, 12 pour 100, et la banque alors pourra prêter jusqu'à concurrence des 2 tiers de la valeur de la propriété. — Il est bien entendu que les billets hypothécaires n'auront pas cours forcé.

Les banques publiques nationales pourront faire une émission de papier déterminée par l'État, et garantie pour les 2 tiers par le fonds social et l'encaisse.

Chaque banque dressera tous les mois un état de sa situation, qui sera remis entre les mains de l'autorité.

En règle générale, les banques ne seront pas solidaires pour leurs profits et pour leurs pertes, mais si l'une d'elles venait à faillir, (ce qui est impossible) les autres viendraient à son secours.

Chaque banque départementale aura son papier ; il lui sera interdit de faire aucune spéculation étrangère à ses fonctions, ainsi déterminées.

Encore une fois, pour améliorer notre situation il faut fonder le monde du crédit. Dans chaque canton, on nommera un syndicat de trois membres pour apprécier les valeurs mobilières et immobilières des emprunteurs.

Vous figurez-vous donc ce vaste système de crédit ainsi organisé dans toute la France, et fonctionnant dans chacun des 2,847 chefs-lieux de canton où aboutissent naturellement les communes? Si j'ai raison, j'espère que la démocratie adhérera bientôt à mon plan; et lorsque ces institutions de crédit fleuriront, nous pourrons dire :

Vous tous qui avez de petites épargnes à utiliser, allez les déposer dans la banque cantonale; vous qui avez reçu un effet de commerce pour prix de vos marchandises, et qui avez besoin de capitaux à l'heure qu'il est, allez à la banque, elle vous l'escomptera; vous qui avez des marchandises que vous ne pouvez pas vendre tout de suite, et qui avez besoin de quelques avances pour attendre, allez à la banque et vous aurez des capitaux; vous qui avez besoin d'emprunter pour votre propriété, allez à la banque, elle vous prêtera à 3 ou 3 1[2 pour 100, car il faut réduire le taux de l'intérêt; vous qui voulez placer vos capitaux, allez à la banque, elle vous donnera des billets hypothécaires garantis par elle-même; ouvriers qui vous êtes associés, donnez votre signature, l'État y joindra la sienne, et la banque vous prêtera. Là est le dénouement d'une de nos difficultés, un mode organique pour nos puissances productives de richesses.

Mais en quoi consistera le bénéfice des banques? Il consistera : 1º dans le prélèvement du droit de commission; 2º dans l'intérêt du capital fictif; 3º dans le travail des capitaux mis à leur disposition et utilisés.

Pour compléter mon idée, achever mon système, je réclame, en terminant, une autre réforme. Un trait de plume peut l'accomplir; je veux parler de la diminution du taux légal de l'intérêt.

Les capitalistes retirent jusqu'à 6 ou 10 p. 0/0 de leurs capitaux, et ils sont dispensés de tout impôt, comme les seigneurs féodaux. Je déduis la diminution du taux de l'intérêt de trois considérations : 1º de l'accroissement du capital; 2º de la sécurité qui résultera de l'organisation des institutions de crédit; 3º de l'amélioration dans la condition du crédit individuel.

Est-il juste de fixer le taux de l'intérêt? Le capital est une marchandise; comme tel, il est variable dans sa valeur. Il paraîtrait juste d'en abandonner le cours à la nature même des choses; mais comme le capital constitue une supériorité, un avantage de position pour celui qui le possède, la loi doit intervenir pour empêcher l'exploitation du travail, ou de la propriété, ou du commerce, par l'*usure*.

Il existe plusieurs éléments dans l'intérêt du capital. L'intérêt contient une prime d'assurance pour celui qui prête et qui court les risques de n'être pas remboursé; secondement, le capital qui représente du travail économisé produit un avantage à celui à qui on le prête, et le prêteur demande une part dans cet avantage; enfin, le capital est producteur de richesses, et comme tel il a droit à une répartition. Son individualisation permet le phénomène civilisateur de la division du travail.

En admettant la nécessité de fixer le taux de l'intérêt, je crois qu'il est juste et possible de le réduire de 6 et 5 à 3 et 4. On ferait une loi sévère contre ceux qui ne s'y conformeraient pas.

Cette loi ne ferait violence à personne, car c'est dire aux capitalistes : Prêtez à ce taux, ou employez vous-mêmes le capital. Après cette réduction opérée, les capitaux rendraient encore autant que la propriété immobilière.

Quelles sont les conséquences qui résulteraient de cette réforme? Cette mesure donnerait de la valeur aux propriétés immobilières; les capitalistes s'empresseraient d'en acquérir. D'un autre côté, les ouvriers et les commerçants paieraient moins chèrement le taux de leurs intérêts et de leur escompte; et en appliquant cette réduction aux rentes sur l'Etat (4, 4{2, 5 pour 100), vous pourriez alléger le fardeau de la dette publique. Sous le point de vue économique, notre société actuelle ressemble à la féodalité; il se pratique vraiment une exploitation des positions inférieures par les positions supérieures.

Le dénouement de notre situation sociale actuelle et la constitution d'un nouvel ordre de choses exigent, d'une part, la formation volontaire et libre des associations ouvrières, ainsi que je l'ai exposé précédemment; et, d'un autre côté, l'organisation du crédit démocratique sur les bases que je viens d'indiquer.

Le capital constitutif des banques peut être augmenté, selon les besoins, par de nouvelles actions; et l'État peut en favoriser la naissance en y versant 300 millions de propriétés immobilières converties en valeurs mobilières. Les propriétés que l'État peut vendre sont estimées 1,400,000 fr.

Sans ces réformes, la démocratie restera dans sa même situation malheureuse.

Je passe à l'examen de la quatrième question. Elle regarde le monde des intelligences. Il s'agit d'organiser l'enseignement démocratique.

QUATRIÈME QUESTION.

Organisation de l'enseignement démocratique.

Développer les esprits, constituer l'ordre entre les intelligences, donner à chaque citoyen l'éducation nécessaire à sa destinée sociale et politique, réaliser cette formule sacrée : Liberté, égalité, fraternité intellectuelle, tel est le but que la République doit atteindre.

L'enseignement d'un peuple libre est le plus grand des sacerdoces. Instituteurs primaires, vous êtes les prêtres de la vérité sociale et politique, les apôtres de la République. La parole que vous devez faire entendre aux jeunes générations fécondera les germes de la civilisation démocratique. La vérité affranchira le monde. Qu'elle soit popularisée par l'enseignement, par la discussion, par le journal. Donnez des principes; lorsque les facultés auront grandi, elles en déduiront les conséquences pratiques. Qu'est-ce que la civilisation? C'est la vérité en religion, dans les beaux-arts, dans les mœurs, dans les lois civiles, dans les institutions politiques, dans l'organisation des pouvoirs; c'est le bien-être généralisé. Apprenez au peuple les vérités qu'il doit et peut connaître.

Chacun a droit à l'instruction, et l'État doit mettre l'enseignement à la portée de toutes les intelligences. Bien plus, c'est un devoir pour les individus de s'instruire; c'est un devoir pour les familles de faire élever leurs enfants.

Comment mettre en pratique cette vérité consacrée par la Constitution?

Les idées se résolvent en institutions, en lois, en mœurs, en gouvernement, en beaux-arts et en arts mécaniques; ce sont elles qui constituent la civilisation. Pour avoir une République démocratique entre les intelligences, il faut un ensemble de vérités popularisées; et alors, on sera sûr que les réalisations de cette République porteront le caractère du beau, du vrai, du juste et de l'utile. L'âme sociale est susceptible de développement aussi bien que l'âme individuelle.

Certainement, le peuple n'a pas encore assez de loisirs pour étudier le monde de l'art, les sciences cosmologiques, esthétiques, médicales, les mathématiques transcendantes; mais l'éducation peut développer en lui les germes des vertus morales et sociales, qui ont pour objet Dieu, la famille, la société, la patrie, l'humanité. Elle peut lui donner la connaissance de la théorie de la société, la connaissance des lois de la production et de la distribution des richesses, de notre constitution politique, de nos institutions organiques; elle peut dérouler à ses yeux l'avenir des sociétés démocratiques, et lui faire comprendre l'évolution de l'unité française à travers les phases de l'histoire. Si l'on veut développer l'esprit du peuple, accordez le pas aux idées morales et sociales sur les idées physiques; il ne suffit pas d'offrir à la démocratie les deux clés du savoir humain, l'*écriture* et la *lecture*, en y adjoignant les éléments de l'arithmétique et quelques notions de géographie, d'histoire et de sciences physiques.

Un jour viendra où le peuple aura la vision et la conscience de la vérité d'une manière générale, où les esprits participeront aux mêmes bienfaits de l'instruction; alors, l'idée triomphera sans violence. L'esprit est la seule force vivifiante des lois, des mœurs et des institutions; retranchez-le, et les évènements emporteront les formes sociales et politiques, comme l'ouragan enlève les feuilles.

Incarner la vérité au sein du peuple, c'est fonder son empire. Le sacerdoce de l'enseignement est divin et civilisateur, et la République aurait commis un non-sens si, après avoir appelé le peuple dans la sphère politique, elle ne s'empressait pas de mettre immédiatement l'instruction des générations en rapport avec leurs destinées nouvelles. La démocratie est le but de la civilisation.

Les siècles verront l'humanité s'affranchir progressivement de la tyrannie, de la misère, de l'ignorance, de l'injustice et de la force brutale. Ce but qui s'offre à ses efforts, elle ne peut l'atteindre qu'avec le concours de la religion, de la famille, de la société, de l'état républicain, de l'industrie rationalisée, de la propriété généralisée, des sciences, des institutions sociales et du droit; et de plus, il faut encore que l'instruction soit *générale*.

Donc, pour élever la démocratie, il est nécessaire de rendre l'enseignement populaire, gratuit et obligatoire. Le développement de l'individualité, commencé au sein de l'école primaire, continué dans la société, se résume en applications.

La solution de ce problème est si simple, si facile, si morale, qu'en vérité je m'étonne qu'il ne se soit pas rencontré un nombre suffisant de citoyens assez amoureux des gloires de notre patrie, des progrès de la démocratie et des destinées de la République, pour appliquer immédiatement les vrais principes. Ce n'est pas le sabre qui fait l'ordre dans la société, c'est la vérité.

APPLICATION.

Il existera une école primaire au moins dans chacune des 38,000 communes de la République française ; car il faut mettre l'enseignement à la portée de tous les citoyens.

L'enseignement sera donné : 1º dans les écoles *nationales* publiques ; 2º dans les écoles *privées* ; 3º dans l'intérieur des familles. De cette manière, la liberté d'enseignement se trouve consacrée, et l'enseignement ne cesse pas d'être une fonction publique organisée par l'Etat.

Dans les écoles nationales organisées par l'Etat, l'instruction sera absolument *gratuite*. Dans les écoles privées entretenues par des citoyens, l'instruction sera gratuite ou payante, selon les statuts des fondateurs.

L'enseignement primaire se divisera en enseignement primaire élémentaire pour les jeunes enfants au-dessous de l'âge de douze ans, et en enseignement primaire supérieur pour les élèves au-dessus de douze ans.

Enseignement primaire pour les filles.

L'enseignement primaire pour les filles sera organisé sur les mêmes bases. Il sera donné également dans les écoles nationales, dans les écoles privées et dans l'intérieur des familles. Le conseil national de l'instruction publique fixera les bases de l'enseignement destiné aux filles.

Objet de l'enseignement pour les jeunes élèves.

L'enseignement primaire comprendra : 1º la lecture et l'écriture ; 2º la grammaire française ; 3º le calcul, le système décimal ; 4º les éléments de l'histoire et de la géographie ; 5º la comptabilité ; 6º la théorie de la société ; 7º les notions élémentaires de l'économie politique ; 8º l'exposé de la Constitution et de nos institutions ; 9º les éléments de la morale ; 10º le dessin linéaire ; 11º les exercices utiles au développement physique.

Il sera établi des écoles *normales* primaires pour former les instituteurs et les institutrices primaires. Les élèves de l'école normale apprendront, indépendamment de leur programme actuel, les éléments de la philosophie, de l'économie politique et du droit public français.

Pour être admis à l'école normale, il faudra être âgé de seize ans au moins et de vingt-deux ans au plus, et avoir subi un examen préparatoire devant la commission de l'école normale.

Si cela est nécessaire, chaque département entretiendra à ses frais une école *normale* pour les instituteurs et les institutrices.

L'enseignement primaire sera *obligatoire*. La loi établira une réprimande et une pénalité contre les parents et les tuteurs qui auraient négligé de faire donner l'instruction aux enfants dont ils ont la responsabilité, et qui auraient atteint l'âge de douze ans accomplis; sauf à eux à produire leurs excuses. Pour cela, la commission d'examen les citera directement devant le juge-de-paix.

Brevets de capacité décernés aux élèves.

Une commission d'examen scolaire décernera des brevets de capacité aux élèves les plus distingués, et ces brevets de capacité serviront de titres de recommandation aux élèves qui les auront mérités, et qui voudraient se faire admettre dans les écoles professionnelles, agricoles, des arts-et-métiers et du commerce.—La loi déterminera ceux qui feront partie de cette commission.

Des instituteurs primaires. — Conditions de capacité. — Nomination. — Avancement. — Nombre.

Nul ne pourra exercer les fonctions d'instituteur primaire, s'il n'est âgé de 21 ans accomplis, et s'il n'est muni d'un certificat de *capacité.*

Ce certificat de capacité sera délivré par le jury d'examen établi au chef-lieu de chaque département, et qui sera composé de jurés choisis parmi les professeurs des écoles secondaires, parmi les instituteurs primaires des chefs-lieux de canton. En feront partie de droit, l'inspecteur départemental, les professeurs de l'école normale, etc.

Aucune école publique ou privée ne pourra réunir les enfants des deux sexes.

Tout individu pourvu d'un brevet de capacité pourra ouvrir une école privée après en avoir fait la déclaration au maire de la commune et au comité cantonal, qui la transmettra à l'inspecteur pour être adressée au ministre. L'ouverture de l'école ne pourrait être empêchée qu'en vertu d'un jugement rendu par les tribunaux civils, car il s'agit ici d'un droit et d'un intérêt.

Pour les écoles publiques, l'instituteur sera nommé par le ministre de l'instruction publique sur la présentation du conseil

municipal, qui fixera son choix sur une liste de trois candidats dé-
signés par le comité *cantonnal*.

Il y aura plusieurs classes d'instituteurs primaires; leur avancement aura lieu d'après les rapports adressés au ministre par le
comité cantonnal et par l'inspecteur départemental.

Les instituteurs primaires ne pourront être suspendus ou
révoqués que dans les cas déterminés par la loi, et dans les formes
qui seront stipulées ; leur inamovibilité est un droit.

Dans les villes, il pourra y avoir plusieurs écoles primaires
publiques. Toute école publique dont le nombre des élèves s'élèvera à 90 et au-dessus pourra être divisée ou recevoir un ou plusieurs instituteurs adjoints, ou institutrices adjointes. Seront instituteurs adjoints ceux qui seront munis de leur brevet de capacité,
et qui n'auront pas encore atteint l'âge de 21 ans accomplis, et
ceux qui n'auront pas encore exercé.

Traitement des instituteurs et des instilutrices.

Le traitement annuel des instituteurs primaires payés par
l'État devrait être fixé ainsi :

1re classe, 1,500 fr.
2e classe, 1,200.
3e classe, 1,000.
4e classe, 900 fr.

Les institutrices recevront ce traitement, diminué d'un quart.

En outre, les instituteurs et les institutrices recevront une in-
demnité dans les communes dont la population excèdera 5,000
âmes.

De 5 à 10,000, 100 fr.
De 10 à 25,000, 200.
De 25 à 50,000, 300.
De 50 à 100,000, 400.
De 100,000 à etc., 500 fr.

Chaque maison d'école sera fournie par la commune, ainsi
que le mobilier de la classe, et les livres, l'encre, le papier,
les plumes nécessaires aux enfants des parents qui n'auraient pas
les ressources suffisantes.

L'avancement des instituteurs primaires sera basé sur le mérite,
l'ancienneté de service et les progrès des élèves.

Il sera établi une caisse de retraite pour cette catégorie de fonc-
tionnaires.

*Surveillance.—Inspection.—Autorités préposées aux services de l'ins-
truction primaire.— Leurs attributions.— Leur composition.*

1° Le comité municipal ;
2° Le comité cantonnal ;
3° Le comité central ;
4° L'inspecteur d'arrondissement ;
5° Le directeur administratif départemental ;

6° Les inspecteurs généraux ;

7° Le comité du progrès et des perfectionnements ;

8° Le ministre de l'instruction publique ;

9° Le conseil national de l'instruction publique.

Je n'examine pas cette question secondaire.

Populariser l'enseignement, l'agrandir, améliorer la condition des instituteurs, leur donner des garanties et une organisation digne de leur éminent sacerdoce, ce doit être le but de la loi organique sur la liberté d'enseigner au sein de la République. L'avenir de la démocratie est là ; ses progrès découleront de cette source. Je n'entre pas dans tous les détails que ce système d'institutions exige.

On peut adresser aux bases de ce projet ces deux objections ; pourquoi rendez-vous l'enseignement obligatoire ? et ne voyez-vous pas que l'enseignement primaire sera très coûteux ?

Je réponds : La morale nous enseigne que l'individu a des devoirs à remplir envers lui-même, envers ses facultés intellectuelles et morales ; la morale nous enseigne que les parents ont des devoirs à remplir envers les jeunes intelligences qu'ils ont mises au monde ; nous savons aussi que la société est intéressée aux développements des facultés intellectuelles et morales de chaque individualité ; d'un autre côté, l'enseignement est gratuit ; conçoit-on pourquoi il doit être obligatoire ? C'est la pénalité, en cas d'inexécution de cette obligation, qui vous affecte ? Passons outre, mais n'incriminez pas le système. Quant à la dépense, je suppose qu'elle s'élève à 54 millions. Est-ce que, maintenant, les frais payés par les parents, par les départements, par l'Etat, par les communes, ne s'élèvent pas à 35 ou 37 millions ? Il faudrait donc renoncer à la civilisation de la démocratie dans la crainte d'un surcroît de dépenses de 12 à 15 millions ? Ce sont ces marchands que le Christ chassait du temple de la vérité : ils ne savent pas même que la richesse est souvent le fruit de la vérité.

La situation actuelle exige l'application du système précédent. En effet, vous considèrerez que plus de trois mille communes sont privées d'écoles primaires, que l'enseignement est très incomplet, que la position des instituteurs est humiliée, que plus d'un quart des enfants des deux sexes ne fréquente pas les écoles primaires. Le nombre des élèves est de 2,176,079 garçons, et de 1,354,056 filles.

Je préfère de beaucoup le système que j'ai exposé à celui qui consisterait à mettre les frais de l'instruction à la charge des individus, des communes, des départements et de l'État.

Cette organisation de l'enseignement populaire est repoussée par les ennemis de la démocratie et de la République. Peuple, tu es souverain ; c'est à toi de décider si tu veux que tes enfants mangent le pain de la vérité, ou végètent à l'ombre de l'ignorance et de la misère.

Je passe à la cinquième et dernière question.

CINQUIÈME QUESTION.

De l'organisation démocratique de la force publique.

Un peuple dont l'état social ne serait pas soutenu par les vertus guerrières tomberait bientôt en dissolution. Au surplus, la situation de l'Europe exigera pendant des siècles encore la présence et la science des armes. Le service militaire, en principe, n'est pas un impôt; c'est un droit et un devoir.

La France, organisée militairement, sera toujours la première nation du monde. Le législateur qui se préoccupe sérieusement du sort de notre patrie et de sa fonction en Europe ne doit pas méconnaître cet élément de grandeur.

Le problème de l'organisation de la force matérielle et morale contient une immense importance, soit que l'on se préoccupe du sort personnel de l'armée, de la science des armes, soit que l'on se préoccupe de la politique extérieure du pays, des finances de l'Etat, du mode de recrutement, du rapport de l'armée avec la République.

Ce problème est-il difficile à résoudre? Pas le moins du monde; il est vingt fois plus facile de le mettre à exécution, qu'il n'était aisé de former des armées permanentes dans le temps féodal.

Comment constituer les forces de telle sorte que l'on puisse passer promptement du pied de paix au pied de guerre, de telle sorte que les dépenses du budget soient diminuées? Comment réaliser, au point de vue de ce devoir, les principes d'égalité, de liberté, de fraternité? Comment obtenir une armée qui possède la science des armes, qui contienne tout le patriotisme du pays? Comment ranger sous le drapeau républicain toutes les forces démocratiques de la France?

L'armée est appelée à profiter des avantages du système républicain.

Soldats, une ère nouvelle a commencé pour vous. Vous avez cessé d'être les instruments du despotisme. La République vous a faits citoyens, et désormais vous êtes associés aux destinées des peuples libres; vous contribuerez à leur émancipation. La patrie vous accordera les avantages que vous méritez, et lorsque l'armée aura reçu sa constitution sociale et économique, on ne verra plus le vieux soldat, couvert de cicatrices, mendier le pain de la misère pour prix de sa vaillance, et l'homme accoutumé aux exercices militaires, abandonné sur les pavés, sans aucune prévoyance de la part de ses concitoyens. La patrie, animée du sentiment républicain, vous sera reconnaissante.

Vous avez reçu des mains de la République française le drapeau de l'indépendance des nations, de la gloire, de la liberté et de la civilisation du monde européen. L'abandonneriez-vous entre les mains de nos éternels ennemis? Vous serez dignes, au contraire, d'être comparés aux soldats de la République notre aînée et de la grande armée, si un jour vous vous avancez dans les champs de bataille qui vous sont ouverts par le vœu des nations opprimées et par les évènements européens. — Voyez là-bas le despotisme qui échelonne ses bataillons contre nous! Les peuples, soulevés pour leur indépendance, seront-ils immolés sous nos yeux? L'Europe, qui veut être libre, sera-t-elle ensevelie sous des ruines sanglantes? Et la voix qui s'élève du cœur de tant de cités malheureuses sera-t-elle méprisée? Attendrons-nous, pour rompre avec les dehors d'une fausse sagesse, et sortir de notre léthargie et de nos calculs egoïstes, que le coursier du Cosaque vienne se désaltérer dans les eaux de la Seine, teintes du sang des hommes qui aimaient la liberté? Reculerions-nous devant la mission que la Providence nous impose? Où sont nos cavaliers, nos fantassins, nos batteries, nos vaisseaux? Ah! si, par impossible, dans une circonstance aussi solennelle et aussi sûre, la France ne savait pas se servir de son épée; qu'elle soit brisée, car elle sera déshonorée aux yeux de l'Histoire. — Et cependant, vous vous demandez ce qu'il y a de nouveau et ce qu'il faut faire! Et qu'y aurait-il de plus nouveau et de plus grave que l'immolation de la Pologne? que l'Autriche achevant de détruire l'Italie, marchant sur Rome et dominant nos frontières du Piémont? que la Russie venant mettre en pièces l'armée héroïque de la Hongrie? que la Prusse et l'Autriche résistant à l'Allemagne démocratique pour l'étouffer plus tard au milieu des guerres des petits États, en lui imposant une constitution bâtarde? Et douteriez-vous encore des projets de la coalition à l'égard de la République française? Que signifie donc cette politique des semblants, qui consiste à former une armée au pied des Alpes pour être présente à la destruction du Piémont? à envoyer une armée dans la Romagne pour voir de plus près la défaite de l'Italie centrale? à vouloir imposer un gouvernement à Rome? à essayer le rôle d'une armée sur le Rhin pour assister aux massacres des Hongrois ou des démocraties allemandes? Est-ce que c'est là la politique que la France, que les peuples, que la posterité nous demandent? Les deux camps sont en présence. — Que l'épée des victoires trace au plus tôt les frontières usurpées des nationalités, et que leur indépendance soit proclamée par le droit international. Alors la postérité redira aux âges les plus lointains que le peuple français fut digne de sa mission civilisatrice au moment des luttes européennes. — Indépendance au dehors, démocratie à l'intérieur, remaniement de l'Europe, voilà la politique des peuples ligués avec la France. — Et sachons mourir ensemble au milieu des batailles et des fêtes pour cette grande politique. — Je reviens à la question spéciale. En temps de guerre, tout est soldat pour servir la patrie; voilà le principe. Je vais seulement exposer quelques idées sur l'organisation de la force publique, en temps de paix.

Cette organisation doit comprendre : 1º l'armée permanente; 2º l'armée de réserve; 3º la garde nationale mobile; 4º la garde nationale sédentaire.

Tout doit s'enchaîner dans cette vaste organisation. Les différents éléments de la force publique doivent se prêter de mutuels services.

1° *De l'armée permanente.*

Trois motifs nécessitent l'entretien d'une armée permanente :
1° la science des armes, car on n'improvise pas une armée instruite, aguerrie, disciplinée ; 2° l'état de l'Europe ; 3° la nécessité de servir le pouvoir central.—Quel doit être l'effectif de l'armée permanente en temps de paix ?

L'armée permanente, si elle est appuyée sur une armée de réserve sérieuse et la garde nationale mobile, peut être réduite à 70,000 hommes de cavalerie, 40,000 hommes d'artillerie et 100,000 hommes d'infanterie ; total, 210,000 hommes. — Il faut toujours que les armes spéciales dont l'instruction est longue et difficile soient au grand complet.

Le recrutement de cette armée doit se faire par les enrôlements volontaires et par la voie du sort. La durée du service est assez justement fixée à sept ans ; mais, évidemment, une telle armée n'est pas à la hauteur des nécessités de la politique française.

2° *De l'Armée de réserve.*

Le point difficile de la question est de pouvoir fonder une armée de réserve, une armée véritable.—Pour atteindre ce but, je dis : Sans rompre les cadres de l'armée actuelle, décrétez qu'il y aura un régiment par département, composé de 3,000 à 3,500 soldats ; vous aurez une armée de réserve de 300,000 hommes.

Les officiers supérieurs, les sous-officiers et caporaux seront seuls payés. Ils travailleront à l'instruction du régiment divisé en bataillons. Le régiment se recrutera par la voie du sort ; la durée du service sera de 7 ans ; il sera défendu aux soldats de se marier pendant la durée du service ; les soldats seront équipés à leurs frais pour ceux qui seront riches, les autres seront équipés aux frais de l'État et au moyen de la cotisation dont nous allons parler bientôt. Le régiment se composera des jeunes gens appartenant au département ; et, chaque année, 40 mille d'entr'eux passeront 3 à 4 mois sous les drapeaux de l'armée permanente. Cette armée, moins les officiers, ne coûtera donc rien à l'État, ni pour son logement, ni pour sa nourriture, ni pour son équipement. Bien plus, ces 300,000 hommes environ, que vous laisserez dans leurs foyers, travailleront pour leur compte et produiront des richesses. Réuni à l'armée permanente, cela donnera un effectif de 510,000 soldats.

Les règlements détermineront l'époque et la durée des exercices militaires.

L'armée permanente contribuera à l'instruction de l'armée de réserve, et l'armée de réserve contribuera de son côté à l'instruction de la garde nationale mobile. L'armée de réserve relèvera du ministère de la guerre.

3° *De la garde nationale mobile.*

Puis après, organisez 300 bataillons de gardes nationaux mobiles, vous aurez un effectif de 300,000 soldats de plus. Total 810,000 soldats.

Joignez le bataillon de la mobile au régiment départemental, en y ajoutant les volontaires, en cas de besoin, vous aurez constitué la *légion*, l'invincible légion française. La différence entre l'armée de réserve et la garde nationale mobile est celle-ci : La garde nationale mobile relève du ministère de l'intérieur; les gardes nationaux sont tous équipés à leurs frais, sauf l'exception; ils peuvent se marier; ils ne reçoivent aucune solde; la durée du service, le mode de recrutement ne sont plus semblables. Les bataillons de la garde nationale mobile recevront une instruction suffisante pour entrer en campagne. Quand à la garde nationale sédentaire , elle sera organisée et recevra successivement des armes en rapport avec les besoins de son service. De cette manière, vous obtiendrez l'alliance de l'armée et de la garde nationale, et vous pourrez passer subitement du pied de paix au pied de guerre ; car, si les circonstances l'exigeaient, vous lanceriez 810,000 hommes enrégimentés, exercés, armés, sur les champs de bataille, et cela sans effort ; vous pourriez soulever la France comme un seul homme, joignant le patriotisme à la science.

Calculez maintenant ce que vous coûtera cette immense force? Presque rien, en effet.

Je soutiens que les travaux de l'armée de réserve rendront à la société des avantages presque capables de compenser les frais de l'armée permanente.

Quant à l'organisation de la garde nationale sédentaire , il suffit de modifier la législation actuelle du point de vue démocratique.

Réformes à opérer dans l'intérêt de l'armée permanente.

Ce système, ainsi que vous pouvez l'observer, rend la société maîtresse d'elle-même, la met à l'abri d'un coup de main militaire, d'une usurpation du pouvoir central, du fédéralisme, en faisant rentrer les forces les unes dans les autres, et en les faisant servir de contre-poids entre elles ; enfin, il a l'avantage d'organiser militairement la démocratie française, le peuple le plus guerrier de l'Europe.

Maintenant, quelles sont les réformes à opérer dans l'intérêt des soldats de l'armée permanente?

Ces réformes que j'approuve et qui ont déjà été soumises à la discussion politique consistent : 1° A établir un impôt de *cotisation*, en rapport avec la fortune, sur les jeunes gens de la classe qui doit subir le sort; car, est-il juste qu'un individu riche à 10,000 francs de rente, par exemple, ne paie rien à l'Etat, parce qu'il aura eu la main heureuse, ou qu'il sera fils aîné de veuve, ou exempté pour vices de formes, tandis qu'un individu moins heureux que lui sera obligé de se faire remplacer ou de servir pendant sept ans sous les drapeaux?

2º A supprimer les compagnies d'assurances qui emploient un personnel et un capital énormes, sans profit pour la société; puis à fixer le prix de l'*exonération* que devra payer celui qui voudra se faire remplacer; ce prix sera payé entre les mains de l'Etat qui fera le remplacement; il choisira des soldats libérés, accoutumés à la discipline, dont la moralité sera bien supérieure à celle des remplaçants venant des compagnies. Les pères de famille versent chaque année plus de 40 millions entre les mains des compagnies, car ils achètent 15 ou 1,600 francs le remplaçant que les compagnies paient 7, 8 ou 900 francs. Lorsque l'armée aura été réduite aux proportions que j'ai indiquées, le prix des remplaçants ne s'élèvera peut-être pas à 15 ou 20,000,000;

3º Avec la fonction d'un capital de 260 millions, avec l'impôt de cotisation, l'effectif de l'armée se trouvant réduit, (car les soldats de la réserve ne seront pas rémunérés), il sera possible de donner à chaque soldat libéré du service, un pécule, une rémunération de 500 francs, d'offrir une prime aux enrôlements volontaires, et d'équiper une partie des soldats de la *réserve*.

Avec 500 francs, le soldat libéré peut se marier et recevoir une dot équivalente au moins. Est-il cultivateur, avec cette somme, il se placera à la tête d'une exploitation agricole; est-il ouvrier, il pourra entrer dans une association; commerçant, il pourra entreprendre un petit négoce.

Je suppose que l'Etat ne puisse pas donner à chaque soldat libéré 500 francs, il est encore en son pouvoir de le récompenser, de lui assurer un sort. En effet, ne peut-on pas, ne doit-on pas de préférence à tout autre, lui donner un emploi?

L'Etat n'a-t-il pas à sa disposition 14,000 places de facteurs ruraux? 35,000 bureaux de tabacs? Et les bureaux de direction et de distribution pour la poste aux lettres? Ne peut-il pas recommander aux communes de choisir de préférence des vieux soldats pour gardes-champêtres? Je voudrais que toutes ces places fussent entre les mains des soldats libérés du service.

4º De la garde nationale sédentaire.

Indépendamment de ces 810,000 hommes formant l'armée active, et pouvant entrer en campagne, la France possède 4 millions de gardes nationaux, dont 1,200,800 sont armés. L'armement de la garde nationale doit s'effectuer successivement, en commençant par les villes et les chefs-lieux de canton. C'est là une immense force qu'il est du devoir de l'Etat d'utiliser.

Du point de vue financier, je soutiens que les pères de famille au lieu de verser chaque année 41 millions entre les mains des compagnies, en seront quittes pour 12 ou 15 millions payés à l'Etat; — le surplus formera une partie de la cotisation; — secondement, je soutiens que les 810,000 hommes compris dans mon système sont une force plus démocratique et plus considérable que celle des 451,000 hommes que nous possédons sous nos drapeaux, et, enfin, je crois que la dépense qui s'élève maintenant à 451 millions ne dépassera guère 225 millions; c'est donc une réduction de moitié environ; ajoutez à cela que vous aurez le travail productif de 2 à 300,000 hommes enlevés maintenant aux travaux de la société.

C'est là ce que j'appelle une réforme démocratique et sociale, conforme aux besoins de gloire, d'ordre et de liberté, de notre patrie tant aimée.

J'ai écrit ces quelques lignes dans le but de faire triompher la vérité et la démocratie. Parlerai-je des forces qui soutiennent notre puissance maritime, commerciale, notre influence nationale, notre expansion au dehors, des forces qui sont destinées un jour prochain à décider du sort de la question d'Orient, et qui sont réclamées par les besoins croissants, communicatifs, des sociétés modernes? Nous possédons 20 vaisseaux à voiles, dont moitié en activité et moitié en disponibilité de rade; je le dis sans hésiter, ce nombre doit être doublé, coûte que coûte, pour former deux flottes formidables, l'une pour l'Océan et l'autre pour la Méditerranée. Nous possédons, en outre, un nombre, insuffisant, de 23 frégates à voiles, de 24 frégates à vapeur, 37 corvettes, 24 bricks, 40 avisos, 24 bâtiments légers.

Je me résume en quelques mots. — J'ai proposé des solutions claires et précises pour cinq questions des plus importantes, la politique extérieure, l'organisation du crédit, l'enseignement démocratique, les associations ouvrières, l'organisation de la force publique. Pour débrouiller le chaos révolutionnaire, il faut abstraire chaque question et la traiter isolément. On voit cependant que tout s'enchaîne, une réforme en implique une autre. Me reprocherait-on d'avoir été ingrat envers l'agriculture? Je réponds, que l'organisation du crédit, que la réduction du taux de l'intérêt, seront pour elle les deux plus grands moyens de prospérité et d'affranchissement. Au surplus, l'enseignement agricole, le reboisement des montagnes, qui exigera pendant quatre ans une dépense de 25 millions, la mise en culture des biens communaux, qui exigera aussi une dépense de 25 millions, un bon système d'irrigation, feront contribuer l'agriculture au progrès. Quant à l'association agricole, je la considère comme très difficile, à cause du phénomène de la petite propriété. A bien considérer, le fermier et le propriétaire, le colon partiaire et le propriétaire, le vigneron et le propriétaire forment des associations dans lesquelles l'un fournit son travail, et l'autre le capital, appelé terre.

Me séparant complètement du fouriérisme, du communisme par l'État ou par la commune, du proudhonisme, du saint-simonisme, je dis cependant que la République manquerait à son but, si elle ne grandissait pas la démocratie, si elle ne perfectionnait pas la société, en réalisant les réformes sociales dont la démocratie a besoin ; autrement, il faudrait dire que la société est parfaite. Ces réformes, l'État doit-il, peut-il les réaliser? Oui. — Il ne faut pas plus rejeter le mot socialisme, qu'il ne faut rejeter le mot *religion* parce qu'il existe de fausses religions.

Le mot socialisme que l'on a appliqué aux sectes absolues que j'ai désignées plus haut, est compris, aussi, dans d'autres sens. Ainsi, on l'emploie par opposition à la théorie de l'égoïsme, du laisser-faire, du laisser-passer. On entend encore, par ce mot, l'ensemble des réformes qui ont pour but le progrès de la *démocratie*, la perfectibilité de la société; c'est ainsi que les mots philosophie, religion, indiquent des systèmes d'idées entièrement opposés.

Sommes-nous arrivés à une époque de réformes démocratiques? Aveugle qui ne le voit. A chaque époque son œuvre. L'œuvre que va commencer cette époque, c'est l'affranchissement du prolétariat, la diffusion des lumières, le règne du monde politique.

La question du droit au travail ne peut recevoir aucune application absolue ; je l'ai résolue, par l'association entre ouvriers, par l'organisation du crédit, par l'intervention de l'État, qui, avec son crédit, remettra les instruments de la production entre les mains d'une certaine portion de la classe ouvrière. Le complément de la réalisation de cette question se trouvera dans l'exécution des travaux publics par l'État, dans l'ouverture de certains travaux au sein des communes, dans la solidarité entre ouvriers de la même profession. Personne ne soutiendra qu'il n'y a rien à faire pour le crédit, l'impôt, l'instruction du peuple, les travailleurs industriels, l'agriculture, l'organisation de la force publique, la politique extérieure. Les réformes que j'ai proposées à cet égard sont-elles inadmissibles?

Me dira-t-on que les moyens que nous proposons sont trop dispendieux? Quoi! lorsque nous demandons la *fonction* de 300 millions (remarquez bien que ce n'est pas leur aliénation) pour entreprendre la transformation du prolétariat industriel, lorsque nous demandons la fonction de 260 millions pour la constitution économique de l'armée, lorsque l'on songe que ce même capital existera dans des siècles, s'il est bien administré ; lorsque l'on considère que, devant l'emploi de tels moyens, les grandes misères de la civilisation pourront disparaître graduellement; lorsque l'on connaît toute l'importance de l'instruction du peuple, et que l'on voit que nous ne demandons qu'un accroissement au budget de 12 à 15 millions; en vérité, j'en appelle à tous les hommes sincères, peut-on soutenir que les moyens sont trop dispendieux? Ces 560 millions mis entre les mains de l'État, fonctionneront dans l'intérêt de l'armée et des associations ouvrières. Vous dites que c'est trop ; d'autres prétendront peut-être que ce n'est pas assez. Maintenant, voici une autre dépense : je suppose que nous ayons la guerre demain, et qu'elle nous coûte 800 millions ; la repousserez-vous aussi pour éviter cette dépense? Prenez garde que l'on ne vous dise ceci :

Vous avez bien su trouver le milliard payé à la coalition, vous avez bien su trouver le milliard donné aux émigrés, vous avez bien su gaspiller 2 milliards pendant le règne monarchique ; vous sauriez peut-être trouver un milliard pour la destruction de la République ; comment se fait-il que vous ne sachiez pas trouver un milliard pour faire la guerre, au besoin, et réaliser les réformes sociales? l'impôt, mieux réparti, l'emprunt, la vente des biens de l'État, ne produiraient-ils pas cette somme qui serait reproductive au suprême degré? La France est plus riche qu'elle ne le fut jamais. Malheureusement, nous avons dans ce pays des gâcheurs politiques, qui, infectés des vieilles idées monarchiques, repoussent toutes les réformes, soit par égoïsme, soit par ignorance. — Malheureusement aussi, le peuple dont l'aspiration vers un meilleur avenir est immense, ne possède pas des idées assez nettes, assez précises sur les principales réformes. Mais, si les réformes se trouvaient réalisées, il y tiendrait, à la vie, à la mort; et qui douterait de leur triomphe ? Ne croyez pas qu'il y ait autant d'avis que de têtes ; le peuple n'est pas un amas de poussière, l'opinion générale s'éclaire, l'homme public se développe, et il comprendra de mieux en mieux les affaires de son pays, les institutions dont la société a besoin. — L'aristocratie a sombré. L'édifice démocratique s'élèvera majestueux. En touchant, justement, les cordes de l'arc républicain, on est sûr de faire tressaillir la fierté de la patrie, l'âme des ouvriers, le sentiment de la démocratie agricole, l'esprit des instituteurs primaires, les facultés de l'armée, les intérêts prolétaires; et l'ordre, la propriété, la famille, la religion, ont tout à y gagner.

Mais on se trompe étrangement, en pensant que les institutions démocratiques doivent être changeantes, progressives. Au contraire, une fois bien établies, il faut qu'elles soient durables, permanentes, tout en se prêtant aux développements sociaux. Ainsi, la loi organique de la liberté politique ne laisse aucun progrès à réaliser au-delà. Il doit en être de même de la loi organique du crédit, de l'instruction primaire, de la force publique, de l'ordre judiciaire, du clergé, des associations ouvrières, etc.; après, nous ne devons voir que le progrès des éléments de civilisation, que le progrès de la démocratie qui jouira de leur influence, à l'abri de ces institutions.

Le règne de la démocratie commence. Dieu seul peut en calculer tous les développements. Il a fait les sociétés perfectibles, en se conformant à certaines conditions, et les sociétés ne seraient pas perfectibles, si les progrès n'étaient pas démocratisés, popularisés, généralisés. Le Christ est avec la démocratie, par son origine, par ses principes, par sa vie, par sa fonction de travailleur; le christianisme social se réalisera avec la *démocratie*.

FIN.

TABLE DES MATIÈRES.